PHYSIOLOGIE

DU

RENTIER

DE PARIS ET DE PROVINCE,

PAR

MM. DE BALZAC

ET ARNOULD FRÉMY.

PARIS.

P. MARTINON, ÉDITEUR.

4, RUE DU COQ-SAINT-HONORÉ.

1841.

PHYSIOLOGIE

DU

RENTIER

de Paris et de Province.

TYPOGRAPHIE LACRAMPE ET Cᵉ,

Rue Damiette, 2.

PHYSIOLOGIE

DU

RENTIER

DE PARIS ET DE PROVINCE,

PAR

MM. DE BALZAC

ET ARNOULD FRÉMY.

DESSINS PAR

GAVARNI, HENRI MONNIER, DAUMIER ET MEISSONIER.

PARIS.

P. MARTINON, ÉDITEUR,

4, rue du Coq-St-Honoré.

1841

RENTIER.

ANTHROPOMORPHE selon Linné [1], Mammifère selon Cuvier, Genre de l'Ordre des Parisiens, Famille des Actionnai-

[1] Nous tenons pour la classification du grand Linné

res, Tribu des Ganaches, le *Civis inermis* des anciens, découvert par l'abbé Terray, observé par Silhouette, maintenu par Turgot et Necker, définitivement établi aux dépens des Producteurs de Saint-Simon par le Grand-Livre.

Voici les caractères de cette Tribu rencontre celle de Cuvier ; le mot anthropomorphe est une expression de génie et convient éminemment aux mille espèces créées par l'état social.

marquable , adoptée aujourd'hui par les micographes les plus distingués de la France et de l'Étranger.

Le Rentier s'élève entre cinq à six pieds de hauteur ; ses mouvements sont générale- ment lents, mais la Nature, attentive à la conservation des espèces frêles, l'a pourvu d'Omnibus à l'aide desquels la plupart des Rentiers se transportent d'un point à un autre de l'atmosphère parisienne, au delà de laquelle ils ne vivent pas. Transplanté hors de la Banlieue, le Rentier dépérit et meurt. Ses larges pieds sont recouverts de souliers à nœuds, ses jambes sont douées de pantalons à couleurs brunes ou roussâ- tres ; il porte des gilets à carreaux d'un prix médiocre ; à domicile, il est terminé par des casquettes ombelliformes ; au dehors, il est couvert de chapeaux à douze francs. Il est cravaté de mousseline blanche. Presque tous les individus sont armés de cannes et d'une tabatière, d'où ils tirent une poudre noire avec laquelle ils farcissent incessamment leur nez, usage que le fisc français a très-heureusement mis à profit. Comme tous les individus du Genre Homme (Mammifères), il est septivalve et paraît avoir un système d'organes complets : une colonne vertébrale, l'os hyoïde, le bec coracoïde et l'arcade zygomatique. Toutes les pièces sont articulées, graissées de synovie, maintenues par des nerfs. Le Rentier a certainement des veines et des artères, un cœur et des poumons. Il se nourrit de verdure maraîchère, de céréales passées au four, de charcuterie variée, de lait falsifié, de bêtes soumises à l'octroi municipal; mais, nonobstant le haut prix de ces aliments particuliers à la ville de Paris, le sang a chez lui moins d'activité que chez les autres espèces. Aussi présente-t-il des différences notables qui ont porté les observateurs français à en constituer un Genre.

Sa face pâle et souvent bulbeuse est sans caractère, ce qui est un caractère. Les yeux, peu actifs, offrent le regard éteint des poissons quand ils ne nagent plus, étendus sur le persil de l'étalage chez Chevet. Les cheveux sont rares, la chair est filandreuse;

les organes sont paresseux. Les Rentiers possèdent des propriétés narcotiques extrêmement précieuses pour le gouvernement, qui, depuis vingt-cinq ans, s'est efforcé de propager cette espèce : il est en effet difficile aux individus de la Tribu des Artistes, genre indomptable qui leur fait la guerre, de ne pas s'endormir en écoutant un Rentier, dont la lenteur communicative, l'air stupide et l'idiome dépourvu de toute signifiance sont hébétants. La science a dû chercher les causes de cette propriété. Quoique chez les Rentiers la boîte osseuse de la tête soit pleine de cette substance blanchâtre, molle, spongieuse, qui donne aux véritables Hommes, parmi les anthropomorphes, le titre glorieux de roi des animaux, qui semble justifié par la manière dont ils abusent de la Création, Vauquelin, d'Arcet, Thénard, Flourens, Dutrochet, Raspail, et autres individus de la Tribu des Chercheurs, n'y ont

pas, malgré leurs essais, découvert les rudiments de la pensée. Chez tous les Rentiers distillés jusqu'aujourd'hui, cette substance n'a donné à leurs analyses que 0,001 d'esprit, 0,001 de jugement, 0,001 de goût, 0,069 de bonnasserie, et le reste en envie de vivre d'une façon quelconque. Les phrénologues, en examinant avec soin l'enveloppe extérieure du mécanisme intellectuel, ont confirmé les expériences des chimistes : elle est d'une rondeur parfaite, et ne présente aucun accident bossu.

Un illustre auteur prépare un traité de Rienologie où les particularités de Rentier seront très-amplement décrites, et nous ne voulons emprunter rien de plus à ce bel ouvrage. La science attend ce travail avec d'autant plus d'impatience, que le Rentier est une conquête de la civilisation moderne. Les Romains, les Grecs, les Égyptiens, les Perses ont ignoré totalement ce grand Escompte national, appelé Crédit. Jamais ils n'ont voulu *croire* (d'où crédit) à la possibilité de remplacer un domaine par un carré de papyrus quelconque. Cuvier n'a trouvé aucun vestige de ce Genre dans les gypses qui nous ont conservé tant d'animaux antédiluviens, à moins qu'on ne veuille ac-

cepter l'homme pétrifié découvert dans une
carrière de grès et que les curieux ont été
voir il y a quelques années, comme un spé-
cimen du Genre Rentier; mais combien de
graves questions cette opinion ne soulève-
rait-elle pas? Il y aurait donc eu desGrands-
Livres et des agents de change avant le
déluge! Le Rentier ne remonte certainement pas plus haut que le règne de Louis
XIV; sa formation date de la constitution
des rentes sur l'hôtel-de-ville. L'Écossais
Law a beaucoup contribué à l'accroisse-
ment de cette Tribu dolente. Comme celle
du ver à soie, l'existence du Rentier dépend d'une feuille, et comme l'œuf du papillon, il est vraisemblablement pondu sur
papier. Malgré les efforts des rudes logiciens
auxquels sont dus les travaux célèbres du
Comité de Salut Public, il est impossible de
nier ce Genre après l'érection de la Bourse.

après les emprunts, après les écrits d'Ou-
vrard, de Bricogne, Laffitte, Villèle et
autres individus de la Tribu des Loups-
Cerviers et des Ministres spécialement oc-
cupés à tourmenter les Rentiers. Oui ! le
faible et doux Rentier a des ennemis contre lesquels la Nature sociale ne l'a point
armé. La Chambre des Députés leur consacre d'ailleurs, quoique à regret, un chapitre
spécial au budget, tous les ans.

Ces observations sans réplique font justice des tentatives restées d'ailleurs sans
succès des Producteurs, des Économistes,
ces Tribus créées par Saint-Simon et Fou-
rier, qui ne tendaient à rien moins qu'à re-
trancher ce Genre, considéré par eux comme
parasite. Ces classificateurs ont été beaucoup trop loin. Ils n'ont pas tenu compte
des travaux antérieurs du Rentier. Il est
dans ce Genre plusieurs individus, notam-

ment dans la Variété des Pensionnés et des Militaires, qui ont accompli des labeurs. Il est faux que, semblable à la poulpe trouvée dans la coque de l'Argonaute, les Rentiers jouissent d'une coquille sociale qui ne leur appartienne pas. Aussi tous ceux qui veulent supprimer le Rentier, et plusieurs économistes persistent malheureusement encore dans cette thèse, commencent-ils par vouloir coordonner autrement la science, et font-ils table rase en renversant la Zoologie politique. Si ces insensés novateurs réussissaient, Paris s'apercevrait bientôt de l'absence des Rentiers. Le Rentier, qui constitue une transition admirable entre la dangereuse Famille des Prolétaires et les Familles si curieuses des Industriels et des Propriétaires, est la pulpe sociale, le gouverné par excellence. Il est médiocre, soit ! Oui, l'instinct des individus de cette

classe les porte à jouir de tout sans rien
dépenser; mais ils ont donné leur énergie
goutte à goutte, ils ont fait leur faction de
garde national quelque part.

D'ailleurs leur utilité ne saurait être niée
sans une formelle ingratitude envers la Pro-

vidence : à Paris, le Rentier est comme du
coton entre les autres espèces plus remuan-
tes qu'il empêche de se briser les unes contre les autres. Otez le Rentier, vous suppri-
mez en quelque sorte l'ombre dans le
tableau social, la Physionomie de Paris y
perd ses traits caractéristiques.

L'Observateur, cette variété de la Tribu
des Gâte-Papier, ne verrait plus, défilant sur

les boulevards, ces curiosités humaines qui
marchent sans mouvement, qui regardent
sans voir, qui se parlent à elles-mêmes en re-
muant leurs lèvres sans qu'il se produise de
son, qui sont trois minutes à ouvrir et fermer
l'opercule de leur tabatière, et dont les pro-
fils bizarres justifient les délicieuses extra-
vagances des Callot, des Monnier, des Hoff-
mann, des Gavarni, des Grandville. La
Seine, cette belle reine, n'aurait plus ses
courtisans : le Rentier ne va-t-il pas la voir
quand elle charrie, quand elle est prise en
entier, quand elle arrive au-dessus de l'é-
tiage inscrit au Pont-Royal, quand elle est
à l'état de ruisseau, perdue dans les sables
du bras de l'Hôtel-Dieu ? en toute saison,
le Rentier a des motifs pour aller contempler la Seine. Le Rentier s'arrête encore
très-bien devant les maisons que démolit la
Tribu des Spéculateurs.

Intrépidement planté comme sont ses pareils sur leurs jambes, le nez en l'air, il assiste à la chute d'une pierre qu'un maçon ébranle avec un levier en haut d'une muraille ; il ne quitte pas la place que la pierre ne tombe. il a fait un pacte secret avec lui-même et la pierre, et quand la chute est accomplie, il s'en va excessivement heureux, absolument

comme un académicien le serait de la chute
d'un drame romantique, car on trouve chez
le Rentier beaucoup de sentiments hu-
mains. Inoffensif, il ne pratique pas d'autres
renversements ! Le Rentier est admirable
en ce sens qu'il remplit les fonctions du
Chœur antique. Comparse de la grande co-
médie sociale, il pleure quand on pleure,
il rit quand on rit, il chante en ritournelle
les infortunes et les joies publiques. Il
triomphe dans un coin du théâtre des
triomphes d'Alger, de Constantine, de Lis-
bonne, d'Ulloa, comme il déplore la mort
de Napoléon, les catastrophes de Fieschi,
de Saint-Méry, de la rue Transnonain. Il
regrette les hommes célèbres qui lui sont
inconnus, il traduit en style de rentier les
pompeux éloges des journaux ; il lit les
journaux, les prospectus, les affiches, lesquelles seraient inutiles sans lui.

N'est-ce pas pour lui que sont inventés
ces mots qui ne disent rien et répondent à
tout : Progrès, Vapeur, Bitume, Garde nationale, Élément démocratique, Esprit d'as-
sociation, Légalité, Intimidation, Mouvement, et Résistance ? Vous êtes enrhumé,
le caoutchouc empêche les rhumes ! Vous
éprouvez ces effroyables lenteurs adminis-
tratives qui enraient l'activité française,
vous êtes vexé superlativement, le Rentier
vous regarde en hochant la tête, il sourit et
dit : « Ah ! la Légalité. Le Commerce ne va
pas : — Voilà les effets de l'Élément démo-

cratique ! » A tout propos, il se sert de ces
mots consacrés et dont la consommation
est si grande que, depuis dix ans, il y en a
de quoi défrayer cent historiens futurs, si
l'avenir veut les expliquer. Le Rentier est
sublime de précision dans sa manière
d'employer et de quitter ce Mot d'ordre in-
venté par les individus de la Famille des
Politiques pour occuper les Gouvernés.

Sous ce rapport, il est une machine baro-
métrique pour la connaissance du Temps
Parisien, comme les grenouilles vertes dans
un bocal, comme les capucins qui se cou-
vrent et se découvrent au gré de l'atmosphère. Quand le mot arrive (et en France
il arrive toujours avec la chose ! à Paris, le
Mot et la Chose, n'est-ce pas comme un
cheval et son cavalier ?) aussitôt le Rentier
se mêle aux furieux tourbillons de la Chose,
il y applaudit dans son petit monde, il en-
courage ce galop parisien : Il n'y a rien de
beau comme le bitume, le bitume peut ser-
vir à tout ; il en garnit les maisons, il en
assainit les caves, il l'exalte comme pa-
vage, il porterait des souliers de bitume,
ne pourrait-on pas faire des beefsteaks en
bitume ? La ville de Paris doit être un lac
d'asphalte. Tout à coup le bitume, plus fidèle que le sable, garde l'empreinte des

pieds, il est broyé sous les *roues innom-*
brables qui sillonnent Paris dans tous les
sens. « On reviendra du bitume! » dit le
Rentier, qui destitue le bitume comme il a
destitué Manuel et la Branche Aînée, le
moiré métallique et la garde nationale, la
girafe et les commandites, etc. Si le feu
prenait dans Paris, les boulevards s'en
iraient dans les ruisseaux! Il jette feu et
flamme contre le bitume. Un autre jour, il
soupçonne le Progrès d'aller en arrière, et
après avoir soutenu l'Élément démocratique, il arrive à vouloir renforcer le Pouvoir,
il va jusqu'à prendre Louis-Philippe en
considération : « Êtes-vous sûr, demande-
t-il alors, que le roâ ne soit pas un grand
homme? La bourgeoisie, môsieur, avouez-
le, n'aurait su faire un mauvais choix. » Il
a sa politique résumée en quelques mots. Il
répond à tout par le colosse du Nord, ou

par le machiavélisme anglais. Il ne se défie ni de la Prusse ambitieuse, ni de la perfide Autriche ; il s'acharne avec le *Constitutionnel* sur le machiavélisme anglais et sur la grosse boule de neige qui roule dans le Nord, et qui se fondrait au Midi. Pour le Rentier comme pour le *Constitutionnel*, l'Angleterre est d'ailleurs une commère à deux fins, excessivement complaisante ; elle est tour à tour la machiavélique Albion, et le pays-modèle : machiavélique Albion quand il s'agit des intérêts de la France froissée et de Napoléon ; pays-modèle quand il est utile de l'opposer aux ministres.

Les savants qui ont voulu rayer le Rentier de la grande classification des êtres sérieux, se sont fondés sur son aversion pour le travail : on doit l'avouer, il aime le repos. Il a contre tout ce qui ressemble à un

soin une si violente antipathie, que la pro-
fession de receveur de rentes a été créée
pour lui.

Ses inscriptions de rentes sur le Grand-
Livre ou ses contrats, son titre de pension, sont déposés chez un de ces hommes d'affaires qui, n'ayant pas eu de
capitaux pour acheter une étude d'avoué,

d'huissier, de commissaire-priseur, d'agréé,
de notaire, se sont fait un cabinet d'affaires.
Au lieu d'aller chercher son argent au Trésor, le Rentier le reçoit au sein de ses pé-
nates. Le Trésor public n'est pas un être
vivant, il n'est pas causeur, il paie et ne
dit mot ; tandis que le commis du receveur ou le receveur vient causer quelques
heures chez le Rentier quatre fois par an.
Quoique cette visite coûte un pour cent de
la rente, elle est indispensable au Rentier
qui s'abandonne à son receveur : il en tire
quelques lumières sur la marche des affaires, sur les projets du gouvernement. Le
Rentier aime son receveur par suite d'une
sensiblerie particulière à cette Tribu ; il
s'intéresse à tout également : il s'attache à
ses meubles, à son quartier, à sa servante,
à son portier, à sa mairie, à sa compagnie
quand il est garde national. Par-dessus tout,

il adore la ville de Paris, il aime le roi sys-
tématiquement, il nomme avec emphase
Mademoiselle d'Orléans, MADAME.

Le Rentier réserve toute sa haine pour les
républicains. S'il admet, dans son journal et
dans sa conversation l'Élément démocratique, il ne le confond pas avec l'Esprit répu-
blicain. « Ah! minute, dit-il; l'un n'est pas
l'autre! » Il s'enfonce alors dans des discussions qui le ramènent en 1793, à la Terreur;

il arrive alors à la réduction des rentes,
cette Saint-Barthélemy financière. La république est connue pour nourrir de mauvais
desseins contre les Rentiers, la république
seule a le droit de faire banqueroute, «parce
que, dit-il, il n'y a que *tout le monde* qui
ait le droit de ne payer *personne.* » Il a re-
tenu cette phrase, et la garde pour le coup
de massue dans les discussions politiques.
En causant avec le Rentier, vous éprouvez
aussitôt les propriétés narcotiques com-
munes à presque tous les individus de ce
Genre. Si vous le laissez appréhender un
bouton de votre redingote, si vous regar-
dez son œil lent et lourd, il vous engour-
dit; si vous l'écoutez, il vous décroche les
maxillaires, tant il vous répète de lieux
communs. Vous apprenez d'étranges choses.

 « La révolution a positivement commencé

en 1789, et les emprunts de Louis XIV l'avaient bien ébauchée! Louis XV, un égoïste, homme d'esprit néanmoins, roi dissolu, vous connaissez son Parc-aux-Cerfs? y a beaucoup contribué! M. Necker, Genevois malintentionné, a donné le branle! Ce sont toujours les étrangers qui ont perdu la France. Il y a eu la queue au pain. Le maximum a causé beaucoup de tort à la révolution. Buonaparte a pourtant fusillé les Parisiens, eh bien! cette audace lui a réussi. Savez-vous pourquoi Napoléon est un grand homme? Il prenait cinq prises de tabac par minute dans des poches doublées de cuir, adaptées à son gilet; il rognait les fournisseurs, il avait Talma pour ami; Talma lui avait appris ses gestes, et néanmoins il s'était toujours refusé à décorer Talma d'aucun ordre. L'empereur a monté la garde d'un soldat endormi pour l'empécher d'être fusillé, pendant ses premières campagnes d'Italie. Le Rentier sait qui a nourri le dernier cheval monté par Napoléon, et il a mené ses amis voir ce cheval intéressant, mais en secret, de 1815 à 1821, car, après l'événement du 5 mai 1821, les Bourbons n'ont plus eu rien à craindre de l'empereur. Enfin Louis XVIII, qui cependant avait des connaissances, a manqué de justice à son égard en l'appelant monsieur de Buonaparte. »

Néanmoins le Rentier possède des qualités précieuses : il est bénin, il n'a pas la sourde lâcheté, l'ambition haineuse du paysan qui émiette le territoire. Sa morale consiste à n'avoir de discussion avec personne ; en fait d'intérêt, il vit entre son propriétaire et le portier ; mais il est si bien casé, si accoutumé à sa cour, à son escalier, à la loge, à la maison :

le propriétaire et le portier savent si bien
qu'il restera dans son modeste appartement
jusqu'à ce qu'il en sorte, comme il le dit lui-
même, *les pieds en avant*, que ces deux personnes ont pour lui la plus flatteuse considération ! Il paie l'impôt avec une scrupuleuse
exactitude. Enfin il est, en toute chose, pour

le gouvernement. Si l'on se bat dans les rues,
il a le courage de se prononcer devant le
portier et les voisins ; il plaint le gouvernement, mais il excepte de sa mansuétude le
préfet de police, il n'admet pas les manœu-
vres de la police : la police, qui ne sait
jamais rien que ce qu'on lui apprend, est
à ses yeux un monstre difforme ; il voudrait
la voir disparaître du budget.

S'il se trouve pris dans l'émeute, il présente son parapluie, il passe, et trouve ces jeunes gens d'*aimables garçons égarés par la faute de la police.* Avant et pendant l'émeute, il est pour le gouvernement; dès que le procès politique commence, il est pour les accusés. En peinture, il tient pour Vigneron, auteur du Convoi du pauvre.

Quant à la littérature, il en observe le mouvement en regardant les affiches; néanmoins il souscrit aux chansons de Béranger. Dans le moment actuel, il se pose sur sa canne et demande d'un petit air entendu à un Dameret (Variété du Rentier) : « Ah çà, décidément, ce George Sand (il prononce *Sang*) dont on parle tant, est-ce un homme ou une femme ? »

Le Rentier ne manque pas d'originalité. Vous vous tromperiez si vous le preniez pour une figure effacée. Paris est un foyer si vi-

goureusement allumé, Paris flambe avec
une énergie si volcanique, que ses reflets y
colorent tout, même les figures des arrière-
plans. Le Rentier met à son loyer le dixième
de son revenu, d'après la règle d'un code
inconnu qu'il applique à tout propos. Ainsi
vous lui entendez prononcer les axiomes
suivants : « Il faut manger les petits pois
avec les riches, et les cerises avec les pauvres. Il ne faut jamais manger d'huîtres
dans les mois sans R, etc. » Il ne dépasse
donc jamais le chiffre de cent écus pour son
loyer. Aussi le genre rentier fleurit—il au
Marais, au faubourg Saint-Germain, dans
les rues abandonnées par la vie sociale. Il
abonde rue du Roi—Doré, rue Saint-Fran-
çois, rue Saint-Claude, aux environs de la
Place Royale, aux abords du Luxembourg,
dans quelques faubourgs ; il a peur des
quartiers neufs. Après trente ans de végé-

tation, chaque individu s'est achevé la coquille où il se retire, et s'est assimilé pièce à
pièce un mobilier auquel il tient : une pen-
dule en lyre ou à soleil dans un petit salon
mis en couleur, frotté, plein d'harmonies
ménagères. Ce sont des serins empaillés sous
un globe de verre, des croix en papier
plié, force paillassons devant les fauteuils,
et une vieille table à jouer.

La salle à manger est à baromètre, à rideaux roux, à chaises antiques.

Les serviettes, quand le couvert est mis, sont passées dans des coulants à chiffres fabriqués avec des perles de verre bleu par les mains de quelque amitié patiente. La cuisine est tenue avec une propreté remarquable.

Peu soucieux de la chambre de domestique, le Rentier se préoccupe beaucoup de sa cave; il a longtemps bataillé pour obtenir cave au bois et cave au vin, et quand il est questionné sur ce détail, il dit avec une certaine emphase : « J'ai cave au bois et cave au vin; il m'a fallu du temps pour amener là mon propriétaire, mais il a fini par céder. »

Le Rentier fait sa provision de bois au mois de juillet; il a les mêmes commissionnaires pour le scier, il va le voir corder au chantier.

Tout chez lui se mesure avec une exactitude méthodique.

Il attend avec bonheur le retour des mêmes choses aux mêmes saisons. Il se propose de manger un maquereau ; il y a discussion sur le prix à y mettre, il se le fait apporter et plaisante avec la marchande.

Le melon est resté dans sa cuisine comme une chose aristocratique ; il s'en réserve le choix, il le porte lui-même. Enfin il s'occupe réellement et sérieusement de sa table ; le manger est sa grande affaire ; il éprouve son lait pour le café du matin, qu'il prend dans un gobelet d'argent en façon de calice.

Le matin, le Rentier se lève à la même heure dans toutes les saisons, il se barbifie, s'habille et déjeune.

Du déjeuner au dîner, il a ses occupations.
Ne riez pas ! là commence cette magnifique
et poétique existence inconnue aux gens qui
se moquent de ces êtres sans malice. Le Rentier ressemble à un batteur d'or; il lamine

des riens, il les étend, les change en événements immenses comme superficie ; il étale
son action sur Paris, et dore ses moindres
instants d'un bonheur admirablement inu-
tile, vaste et sans profondeur. Le Rentier
existe par les yeux, et son constant usage

de cet organe en justifie l'hébêtement. La curiosité du Rentier explique sa vie; il ne vivrait pas sans Paris, il y profite de tout. Vous imagineriez difficilement un poëme plus beau; mais ce poëme de l'école de Delille est purement didactique. Le Rentier va toujours aux messes de mort et de mariage, il court aux procès célèbres, et quand il n'a pu obtenir de place à l'audience, il a du moins vu par lui-même la foule qui s'y porte. Il court examiner par lui-même le dallage de la place Louis XV, il sait où en sont les statues et les fontaines, il admire les sculptures que les écrivains ont obtenues de la Spéculation dans les maisons des nouveaux quartiers; enfin, il se rend chez les inventeurs qui mettent des annonces à la quatrième page des journaux; il se fait démontrer leurs perfectionnements et leurs progrès, il leur adresse ses félicitations sur leurs produits, et s'en va content pour son pays, après leur avoir promis des consommateurs.

Son admiration est infatigable. Il va, le lendemain des incendies, contempler l'édifice qui n'existe plus. Il est pour lui des jours bien solennels : ceux où il assiste à une séance de la Chambre des Députés. Les tribunes sont vides ; il se croit arrivé trop tôt, le monde viendra ; mais il oublie bientôt le public absent, captivé qu'il est par des orateurs anonymes dont les discours de deux heures tiennent deux lignes dans les journaux.

Le soir, mêlé à d'autres Rentiers, il exalte môsieu Guérin de l'Eure, ou le commissaire du roi qui lui répliqua. Ces illustres inconnus lui ont rappelé le général Foy, ce saint du libéralisme, abandonné comme un vieil affût. Pendant plusieurs

années, il parlera de M. Guérin de l'Eure,
et s'étonnera d'être tout seul à en parler.
Quelquefois il demande : « Que devient
M. Guérin de l'Eure ? — Le médecin ? —
Non, un orateur de la Chambre. — Je ne le
connais pas. — Cependant il aurait bien ma
confiance, et je m'étonne que le roâ ne l'ait
pas encore pris pour ministre. » Quand il
y a un feu d'artifice , le Rentier fait à neuf
heures un déjeuner dinatoire, met ses plus
mauvais vêtements , serre son mouchoir
dans la poche de côté de sa redingote , se
dépouille de ses objets d'or et d'argent, et
s'achemine à midi, sans canne, vers les Tui-
leries. Vous pouvez alors l'observer, entre
une heure et deux , paisiblement assis , lui
et sa femme , sur deux chaises , au milieu
de la terrasse, où il reste jusqu'à neuf heures du soir avec une patience de rentier.
La ville de Paris ou la France a dépensé.

pour vingt mille bourgeois de cette force,
les cent mille francs du feu d'artifice. Le
feu a toujours coûté cent mille francs.

Le Rentier a vu tous les feux d'artifice, il
en conte l'histoire à ses voisins; il atteste sa

femme ; il dépeint celui de 1815, au retour de l'empereur : « Ce feu, môsieur, a coûté un million. Il y est mort du monde, mais dans ce temps-là, môsieur, on s'en souciait comme de *cela*, dit-il en donnant un petit coup sec sur le couvercle de sa tabatière. Il y avait des batteries de canon, tous les tambours de la garnison. Il y avait là (il montre le quai) un vaisseau de grandeur naturelle, et là (il montre les colonnades) un rocher. En un moment, on a vu tout en feu : c'était Napoléon parfaitement ressemblant abordant de l'île d'Elbe en France! Mais cet homme-là savait dépenser son argent à propos. Môsieur, je l'ai vu, moi, au commencement de la révolution : pensez que je ne suis pas jeune, » etc. Pour lui se donnent les concerts monstres, les *Te Deum*. Quoiqu'il soit pour l'indifférence en matière de religion, il va toujours entendre la messe

de Pâques à Notre-Dame. La girafe, les nou-
veautés du Muséum, l'Exposition des ta-
bleaux ou des produits de l'industrie, tout
est fête, étonnement, matière à examen
pour lui.

Les cafés célèbres par leur luxe sont
encore créés pour ses yeux toujours avi-
des. Jamais il n'a eu de journée compa-
rable à celle de l'ouverture du chemin de
fer; il a parcouru quatre fois le chemin
dans la journée. Il meurt quelquefois sans
avoir pu voir ce qu'il souhaite le plus : une
séance de l'Académie-Française !

Généralement, le Rentier va rarement au
spectacle; il y va pour son argent, et il attend un de ces grands succès qui attirent
tout Paris; il fait queue, il consacre à cette
dépense les produits de ses économies. Le
Rentier ne paie jamais les centimes de ses
mémoires, il les met religieusement dans

une sébile, et trouve ainsi, par trimestre,
quelque quinze ou vingt francs qu'il s'est
volés à lui-même. Ses fournisseurs con-
naissent sa manie, et lui ajoutent quelques
centimes pour lui procurer le plaisir de les
rogner. De là cet axiome : « Il faut toujours
rogner les mémoires. » Le marchand qui
résiste à ce retranchement lui devient sus-
pect.

Le soir, le Rentier a plusieurs sociétés :
celle de son café, où il regarde jouer aux
dominos; mais son triomphe est au billard,
il est extrêmement fort au billard sans avoir
jamais touché une queue, il est fort comme
galerie, il connaît les règles, il est d'une
attention extatique. Vous pouvez voir dans
les billards célèbres des Rentiers suivant les
boules avec le mouvement de tête des chiens
qui regardent les gestes de leurs maîtres;
ils se penchent pour savoir si le carambo-

lage a eu lieu ; ils sont pris en témoignage,
et font autorité ; mais on les trouve parfois
endormis sur les banquettes, narcotisés l'un
par l'autre.

Le Rentier est si violemment attiré au
dehors, il obéit à un mouvement de va-
et-vient si impérieux, qu'il fréquente peu
les sociétés de sa femme, où l'on joue le
boston, le piquet et l'impériale ; il l'y con-
duit et vient la chercher. Toutes les fois,
depuis vingt ans, que son pas se fait entendre, la compagnie dit : — Voilà monsieur
Mitouflet ! Par les jours de chaleur, il promène sa femme, qui lui cause alors la sur-
prise de le régaler d'une bouteille de bière.
Le jour où leur unique servante réclame
une sortie, le couple dîne chez un restaurateur, et s'y livre aux surprises de l'ome-
lette soufflée, aux joies des plats *qui ne se
font bien que chez les restaurateurs*. Le Ren-

tier et sa femme parlent avec déférence au garçon, ils vérifient leur compte d'après la carte, ils étudient l'addition, font provision de cure-dents, et se tiennent avec une dignité sérieuse : ils sont en public.

La femme du Rentier est une de ces femmes vulgaires, entre la femme du peuple et la bourgeoise à prétention. Elle désarme le rire, elle n'offusque personne; chacun devine chez elle un parti pris. Elle a des boucles de ceinture en chrysocale, conservées avec soin; fière de son ventre de cuisinière, elle n'admet plus le corset; elle a eu la beauté du diable, elle cultive le bonnet rond, mais elle met parfois un chapeau qui lui va comme à une marchande de chiffons. Comme disent ses amies, la chère madame Mitouflet n'a jamais eu de goût. Pour ces sortes de femmes, Mulhouse, Rouen, Tarare, Lyon, Saint-Étienne, conservent ces modèles à dessins barbares et sauvages, à couleurs outrageusement mélangées, à semis de bouquets impossibles, à pois singulièrement accommodés, à filets mignons.

Quand le Rentier n'a pas un fils petit-clerc en voie d'être employé, huissier audiencier, greffier, commis marchand, il a des neveux dans l'armée ou dans les doua-

nes; mais fils, neveux ou gendres, il voit
rarement sa famille. Chacun sait que la succession du Rentier se compose de sa rente.
Aussi dans cette Tribu les sentiments sont-
ils sans hypocrisie et réduits à ce qu'ils doivent être dans la société. Il n'est pas rare,
dans cette classe, de voir le père et la mère
faisant de leur côté, pour soutenir un fils,
un neveu, les mêmes efforts que le neveu,
le fils, font pour leurs parents. Les anniver-
saires sont fêtés avec toutes les coutumes
patriarcales; on y chante au dessert. Les joies
domestiques empreintes de naïveté sont cau-
sées par certains meubles longtemps désirés
et obtenus au moyen de privations impo-
sées. La grande religion des Rentiers est
celle de ne rien avoir à autrui, de ne rien
devoir. Pour eux, les débiteurs sont capa-
bles de tout, même d'un crime. Quelques
Rentiers dépravés font des collections, en-

treprennent des bibliothèques; d'autres ai-
ment les gravures; quelques-uns tournent
des coquetiers en bois de couleurs bizarres,
ou pêchent à la ligne sur les bateaux vers
Bercy, sur des trains de bois où les débar-
deurs les trouvent quelquefois endormis,
tenant leur canne abaissée.

Nous ne parlerons pas des mystères de
leur vie privée, le soir, qui les montreraient
sous un jour original, et souvent font dire
avec une sorte de bonhomie féminine par
leur indulgente moitié : « Je ne suis pas la
dupe des rendez-vous de Monsieur au café
Turc. »

Plus on tourne autour de cette figure,
plus on y découvre de qualités excellentes.
Le Rentier se rend justice; il est essentiel-
lement doux, calme, paisible. Si vous le re-

gardez trop attentivement, il s'inquiète et
se contemple lui-même pour chercher le
motif de cette inquisition. Vous ne le pren-
drez jamais en faute : il est poli, il admire
tout ce qu'il ne comprend pas, au lieu d'en
plaisanter comme les individus du Genre
Hommes-Forts; il salue les morts dans la
rue, il ne passe jamais devant une porte
tendue de noir sans asperger la bière ni sans
demander le nom de celui auquel il rend
les derniers devoirs; s'il le peut, il s'en fait
raconter la vie, et s'en va *donnant une larme*
à sa mémoire. Il respecte les femmes, mais
il ne se commet point avec elles; il n'a point
le mot pour rire; enfin, peut-être son plus
grand défaut est-il de ne pas avoir de dé-
fauts. Trouvez une vie plus digne d'envie
que celle de ce citoyen! Chaque jour lui
amène son pain et des intérêts nouveaux.
Humble et simple comme l'herbe des prai-

ries, il est aussi nécessaire à l'État social que le vert est indispensable au paysage. Ce qui le rend particulièrement intéressant est sa profonde abnégation ; il ne lutte avec personne, il admire les artistes, les ministres, l'aristocratie, la royauté, les militaires, l'énergie des républicains, le courage moral des savants, les gloires nationales et les araignées mélomanes inventées par le *Constitutionnel*, les palinodies du *Journal des Débats* et la force d'esprit des ministériels ; il admet toutes les supériorités sans les discuter, il en est fier pour son pays. Il admire pour admirer. Voulez-vous apprendre le secret de cette admirable existence ? Le Rentier est ignorant comme une carpe. Il a lu les chansons de Piron. Sa femme loue les romans de Paul de Kock, et met deux mois à lire quatre volumes in-12 ; elle a toujours oublié les événements du premier volume au der-

nier ; elle mitige sa lecture par l'éducation de
ses serins, par la conversation avec son chat

Elle a un chat, et ce qui la caractérise est
un amour immodéré pour les animaux.
Quand le Rentier tombe malade, il devient
l'objet du plus grand intérêt. Ses amis, sa
femme, et quelques dévotes le catéchisent ;
il se réconcilie généralement avec l'Église :
il meurt dans des sentiments chrétiens, lui
qui jusqu'alors a manifesté de la haine contre

les prêtres, opinion due à S. M. libérale, feu *le Constitutionnel I*ᵉʳ. Quand cet homme est à six pieds de terre, il est aussi avancé que les vingt-deux mille hommes célèbres de la *Biographie universelle*, dont cinq cents noms environ sont populaires. Comme il était léger sur la terre, il est probable que la terre lui est légère. La science ne connaît aucune épizootie qui atteigne le Rentier, et la Mort procède avec lui comme le fermier avec la luzerne : elle les fauche régulièrement.

Nous n'avons pas obtenu sans peine du patient micographe qui prépare son magnifique traité de Rienologie, la description des Variétés du Rentier ; mais il a compris combien elles étaient nécessaires à cette monographie, et nous avons livré leurs figures au crayon d'un dessinateur déjà nommé. L'auteur de la Rienologie admet les douze variétés suivantes :

I.

LE CÉLIBATAIRE.

Cette belle variété, qui se recommande
par le contraste des couleurs de son vêtement, toujours omnicolore, se hasarde
au centre de Paris. C'est au-dessous de

ses gilets que vous pourrez voir encore
les breloques de montre à la mode sous
l'empire : des graines d'Amérique mon-
tées en or, des paysages en mosaïque pour
clef, des dés en lapis lazuli. Ce Rentier
se met volontiers au Palais-Royal en es-
palier, et a le vice de saluer la loueuse de
chaises. Le Célibataire se lance aux cours
publics en hiver. Il dîne dans les restau-
rants infimes, loge au quatrième dans une
maison à allée où il y a un portier à l'entre-
sol. Il se donne la femme de ménage. Certains individus portent de petites boucles
d'oreilles, quelques-uns affectent un œil de
poudre, et sont alors vêtus d'un habit bleu
barbeau. Généralement bruns, ils ont de
fantastiques bouquets de poils aux oreilles
et aux mains, et des voix de basse-taille qui
font leur orgueil. Quand ils n'ont pas l'œil de
poudre, ils se teignent les cheveux en noir.

Le Prud'homme trouvé par un de nos plus savants naturalistes, par Henry Monnier, qui le montre avec une complaisance infinie, magnifiquement conservé dans l'esprit, encadré de dessins admirables, le Prud'homme appartient à cette va-

riété. Ces Rentiers parlent un idiome

étrange. Quand on leur demande : — Comment allez-vous ? ils répondent : — A vous *ram'mes devoares !* Si vous leur faites observer que le verbe *ramer ses devoirs* n'a pas le sens de *rendre ses devoirs*, ils vous répliquent d'un air presque narquois : — Voici trente ans que je dis *ram'mes devoares*, et à bien du monde, personne ne m'a repris ; et d'ailleurs ce n'est pas à mon âge qu'on change ses habitudes. Ce Rentier n'est susceptible d'aucun attachement, il n'a pas de religion, il ne se passionne pour aucun parti, passe une partie de ses jours dans les cabinets de lecture, se réfugie le soir au café s'il pleut, et regarde entrer et sortir les habitués. Nous ne pouvons le suivre dans ses lentes promenades nocturnes quand il fait beau temps. Le *fructus belli* en emporte chaque hiver une certaine quantité. Ne confondez pas ce genre avec le D\

MERET : le Célibataire veut rester garçon, le Dameret veut se marier.

II.

LE CHAPOLARDÉ.

Cette variété a fourni le Gogo. Ce Rentier est irascible, mais il s'apaise facile

ment. Ses traits maigres offrent des tons
jaunes et verdâtres. Il est le seul qui s'a-
donne à des idées ambitieuses mais in-
complètes, lesquelles troublent sa mansuétude et l'aigrissent. Ce Rentier se prive
de tout : il est sobre, ses vêtements sont
râpés ; il grimpe encore plus haut que le
précédent, affronte les rigueurs de la mansarde, se nourrit de petits pains et de lait
le matin, dîne à douze sous chez Miseray,
ou à vingt sous chez Flicoteaux ; il userait
cinq sous de souliers pour aller dans un
endroit où il croirait pouvoir économiser
trois sous. Le malheureux porte des redingotes décolorées où brille le fil aux coutures ;
ses gilets sont luisants. Le pelage de sa tête
tient de celui du chinchilla, mais il porte
ses cheveux plats. Le corps est sec ; il a l'œil
d'une pie, les joues rentrées, le ventre aussi.
Cet imbécile calculateur, qui met sou sur

sou pour se faire un capital afin d'augmenter son prétendu bien-être, ne prêterait pas à un homme d'honneur les mille francs qu'il tient prêts pour la plus voleuse des entreprises. Il s'attrape à tout ce qui présente un caractère d'utilité, se laisse prendre assez facilement par le Spéculateur, son ennemi. Les chasseurs d'actionnaires le reconnaissent à sa tête d'oiseau emmanchée sur un corps dégingandé. De tous les Rentiers, c'est celui qui se parle le plus à lui-même en se promenant.

III.

LE MARIÉ.

Ce Rentier divise sagement sa rente par allocations mensuelles; il s'efforce d'économiser sur cette somme, et sa femelle le seconde. Chez lui le mariage se trahit par la blancheur du linge, par des gilets cou-

leur nankin, par des jabots plissés, par
des gants de soie qu'il fait durer une
année. Peu causeur, il écoute, et il a trouvé
moyen de remplacer une première interro-
gation en offrant une prise de tabac. Remarquable par son excessive douceur, le Marie
s'applique à quelques ouvrages domestiques, il fait les commissions du ménage,
promène le chien de sa femme, rapporte
des friandises, se range cinq minutes avant

le passage d'une voiture, et dit : Mon ami,
à un ouvrier. Cet anthropomorphe s'indi-
gne et amasse du monde quand un charretier brutalise ses chevaux, demande pourquoi tant charger une voiture, et parle
d'une loi à faire sur les animaux, comme il
en existe une en Angleterre, berceau du
gouvernement constitutionnel.

Si le charretier se met à l'état de rebellion
envers les spectateurs, en sa qualité de père
de famille, le Marié s'évade. Il offre la plupart
des caractères du Rentier proprement dit.
Son défaut consiste à souscrire aux ouvrages par livraisons en cachette de sa femme.
Quelques-uns vont à l'Athénée ; d'autres
s'affilient à ces obscures sociétés chantan-
tes, les filles naturelles du Caveau, et nom-
mées Goguettes.

IV.

LE TACITURNE.

Vous voyez passer un homme sombre
et qui paraît rêveur, une main passée dans
son gilet ; l'autre tient une canne à pomme
d'ivoire blanc.

Cet homme est comme une contrefaçon du
Temps, il marche tous les jours du même
pas, et sa figure semble avoir été cuite au
four. Il accomplit ses révolutions avec l'in-
flexible régularité du soleil. Comme depuis
cinquante ans la France se trouve toujours
dans des circonstances graves, la police,
inquiète et sans cesse occupée à se rendre
compte de quelque chose, finit par suivre
ce Rentier: elle le voit rentrer rue de Berry,
au quatrième, s'essuyer mystérieusement
les pieds sur un paillasson fantastique, tirer
sa clef, s'introduire dans un appartement
avec précaution. Que fait-il? on ne sait; dès
lors on l'observe. Les agents rêvent fabri-
cation de poudre, faux billets, lavage de
papier timbré. En le suivant le soir, la police acquiert la certitude que le Taciturne
paie fort cher ce qui se donne aux étudiants.
La police l'épie, il est cerné; il sort, entre

chez un confiseur, chez un apothicaire, il leur livre dans l'arrière-boutique des paquets qu'il a dérobés à l'attention publique La police multiplie alors ses précautions. L'agent le plus rusé se présente, lui parle d'une succession ouverte à Madagascar, pénètre dans la chambre incriminée, y reconnaît les symptômes de la plus excessive misère, et acquiert la certitude que cet homme, pour subvenir à ses passions, emploie son temps à rouler des bâtons de chocolat, à y coller des étiquettes : il rougit de la destination qu'il lui donne. Toute la vie de ce Rentier est concentrée sur une passion qui l'envoie finir ses jours, idiot, à Bicêtre ou aux Incurables.

V.

LE MILITAIRE.

Cette originale variété se recommande
aux amateurs de types par le port de la

canne, dont le cordon est en cuir tressé, et qu'il suspend à un bouton de la redingote; par l'usage des bottes, par l'effacement des épaules, et par la manière de présenter les cavités thoraciques, enfin par une parole infiniment plus hardie que chez les autres variétés. Ce Rentier, qui tourne sur lui-même avec tant de facilité que vous le croiriez monté sur un pivot, offre des péripéties trimestrielles assez curieuses. Au commencement de chaque saison, il est splendide et magnifique, il fume des cigares, régale ses amis d'estaminet, va manger des matelotes à la Râpée, ou des fritures de goujons ; il a signé son certificat de vie chez l'obscur et riche usurier qui lui a escompté les probabilités de son existence. Tant que dure cette phase, il consomme une certaine quantité de petits verres, sa figure rougeaude rayonne: puis bientôt il revient à l'état inquiet de l'homme talonné par les dettes, et au tabac de caporal. Ce Rentier, le météore du genre, n'a point de domicile fixe. Il se dit volé par l'infâme *qui fait* la pension militaire ; quand il en a tiré quelque notable somme, il lui joue le tour d'aller vivre à quelque barrière antarctique où il se condamne à la mort civile, en économisant ainsi quelques trimestres de sa pension. Là, le glorieux débris de nos armées vend, dit-on, quelquefois au restaurateur qui l'a nourri, le certificat de vie dû au scélérat. Cette variété danse aux barrières, parle d'Austerlitz en se couchant au bivouac le long des murs extérieurs de Paris, ivre d'un trimestre. Vous voyez quelques individus à trogne rouge, à chapeau bossué, linge roux, col de velours graisseux, redingote couleur crottin de cheval, ornée d'un ruban rouge,

allant comme des ombres dans les Champs-
Élysées, sans pouvoir mendier, l'œil trou-
ble, sans gants en hiver, une redingote
d'alpaga en été, des Chodrues inédits, ayant
mille francs de rentes et dinant à neuf sous
à la barrière, après avoir jadis encloué une
batterie et sauvé l'empereur. La blague
militaire donne à leur discours une teinte
spirituelle. Ce Rentier aime les enfants et
les soldats. Par un hiver rigoureux, le commissaire de police, averti par ses voisins,
trouve le débris de nos armées sur la paille
dans une mansarde inclémente; il le fait
placer par l'administration des hospices aux
Incurables, au moyen d'une délégation en
forme de ses pensions de la Légion-d'Honneur et militaire. Quelques autres sont sa-
ges, rangés, et vivent avec une femme dont
les antécédents, la position sociale, sont sus-
pects, mais qui tient un bureau de tabac,

un cabinet de lecture, ou fabrique du fouet. Si leur existence est encore extrêmement excentrique, leur compagne les préserve de l'hôpital. Cette variété, d'ailleurs, est la plus extraordinaire : elle est panachée comme costume à un tel point qu'il est difficile de déterminer son caractère vestimental.

Les individus de cette variété ont cependant une particularité qui leur est commune, c'est leur profonde horreur pour la cravate : ils portent un col ; ce col est crasseux, rongé, gras, mais c'est un col, et non une cravate de bourgeois ; puis ils marchent militairement.

VI.

LE COLLECTIONNEUR.

Ce Rentier à passion ostensible est mu
par un intérêt dans ses courses à travers

Paris; il se recommande par des idées bizarres. Son peu de fortune lui interdit les collections d'objets chers, mais il trouve à satisfaire sur des riens le goût de la collection, passion réelle, définie, reconnue chez les anthropomorphes qui habitent les grandes villes. J'ai connu personnellement un individu de cette variété qui possède une collection de toutes les affiches affichées ou qui ont dû l'être. Si, au décès de ce Rentier, la Bibliothèque Royale n'achetait pas sa collection, Paris y perdrait ce magnifique herbier des productions originales venues sur ses murailles. Un autre a tous les prospectus, bibliothèque éminemment curieuse. Celui-ci collectionne uniquement les gravures qui représentent les acteurs et leurs costumes. Celui-là se fait une bibliothèque spécialement composée de livres pris dans les volumes à six sous et au-dessous. Ces

Rentiers sont remarquables par un vêtement peu soigné, par les cheveux épars, une figure détruite ; ils se traînent plus qu'ils ne marchent le long des quais et des boulevards. Ils portent la livrée de tous les hommes voués au culte d'une idée, et démontrent ainsi la dépravation à laquelle arrive un Rentier qui se laisse atteindre par une pensée.

Ils n'appartiennent ni à la tribu remuante des Artistes, ni à celle des Savants, ni à celle des Écrivains, mais ils tiennent de tous. Ils sont *toqués*, disent leurs voisins. Ils ne sont pas compris et, toujours poussés par leur manie, ils vivent mal, se font plaindre par leurs femmes de ménage, sont souvent entraînés à lire, à vouloir aller chez les hommes de talent : mais les Artistes peu indulgents les bafouent.

VII.

LE PHILANTHROPE.

On n'en connaît encore qu'un individu,
le Muséum l'empaillera sans doute. Les

Rentiers ne sont ni assez riches pour faire
le bien, ni assez spirituels pour faire le
mal, ni assez industriels pour faire fortune en ayant l'air de secourir les forçats
ou les pauvres ; il nous semble donc impossible de créer une variété pour la gloire
d'un fait anormal qui dépend de la téra
tologie, cette belle science due à Geof-
froy Saint-Hilaire. Je suis à cet égard en
dissentiment avec l'illustre auteur de la
Rienologie ; mon impartialité me fait un
devoir de mentionner cette tentative, qui
d'ailleurs l'honore ; mais les savants doivent
aujourd'hui se défier des classifications : la
Nomenclature est un piége tendu par la
Synthèse à l'Analyse, sa constante rivale.
N'est-ce pas surtout dans les riens que la
science doit longtemps hésiter avant d'ad-
mettre des différences ? Nous ne voulons
pas renouveler ici les abus qui se sont glis-

sés dans la botanique , à propos des Roses
et des Dalhias.

VIII.

LE PENSIONNÉ.

Henri Monnier veut distinguer cette variété de celle des Militaires, mais elle appartient au type de l'Employé.

IX.

LE CAMPAGNARD.

Ce Rentier sauvage perché sur les hau-
teurs de Belleville, habite Montmartre,

La Villette, La Chapelle, ou les récentes
Batignolles. Il aime les rez-de-chaussée à
jardin de cent vingt pieds carrés, et y
cultive des plantes malades, achetées au
quai aux Fleurs. Sa situation *extra-mu-
ros* lui permet d'avoir un jardinier pour in-
humer ses végétations. Son teint est plus
vif que celui des autres variétés ; il prétend
respirer un air plus pur ; il a le pas déli-
béré, parle agriculture et lit le *Bon Jardinier*. Tollard est son homme. Il voudrait
avoir une serre, afin d'exposer une fleur au
Louvre. On le surprend dans les bois de
Romainville ou de Vincennes, où il se flatte
d'herboriser ; mais il y cherche sa pâture :
il prétend se connaître en champignons. Sa
femelle, aussi prudente que craintive, a
soin de jeter ces dangereux cryptogames et
d'y substituer des champignons de couche,
innocente tromperie avec laquelle elle en-

tretient ce Rentier dans ses recherches
forestières. Pour un rien, il deviendrait
collectionneur. C'est le plus heureux des
Rentiers. Il a, sous une vaste cloche en
osier, des poules qui meurent d'une maladie
inconnue à ceux de qui il les achète. Le
Campagnard dit *nous autres Campagnards*,
et se croit à la campagne, entre un nourris-
seur et un établissement de fiacres. La vie
à la campagne est bien moins chère qu'à
Paris, affirme-t-il en offrant du vin d'Au-
xerre, orgueilleusement soustrait à l'Octroi.
Fidèle habitué des théâtres de Belleville ou
de Montmartre, il est dans l'enchantement
jusqu'au jour où, perdant sa femme par
suite de rhumatismes aigus, il craint le sal-
pêtre pour lui-même, et rentre, la larme à
l'œil, dans Paris, qu'il n'aurait jamais dû
quitter si, dit-il, *il avait voulu conserver sa*
chère défunte !

X.

L'ESCOMPTEUR.

Cette variété pâle , blême , à garde-vue
vert adapté sur des yeux terribles par un

cercle de fil d'archal, s'attache aux petites rues sombres, aux méchants appartements. Retranchée derrière des cartons, à un bureau propret, elle sait dire des phrases mielleuses qui enveloppent des résolutions implacables. Ces Rentiers sont les plus courageux d'entre tous : ils demandent cinquante pour cent sur des effets à six mois, quand ils vous voient sans canne et sans crédit Ils sont francs-maçons, et se font peindre avec leurs costumes de dignitaires du Grand—Orient. Les uns ont des redingotes vertes étriquées qui leur donnent, non moins que leur figure, une ressemblance avec les cigales dont l'organe clairet semble être dans leur larynx ; les autres ont la mine fade des veaux, procèdent avec lenteur et sont doucereux comme une purgation. Ils perdent dans une seule affaire les bénéfices de dix escomptes usuraires, et finissent par acquérir une défiance qui les rend affreux. Cette variété ne rit jamais et ne se montre point sans parapluie ; elle porte des doubles souliers.

XI.

LE DAMERET.

Cette variété devient rare. Elle se reconnaît à ses gilets, qu'elle porte doubles ou

triples, et de couleurs éclatantes, à un air propret, à une badine au lieu de canne, à une allure de papillon, à une taille de guêpe, à des bottes, à une épingle montée d'un énorme médaillon à cheveux ouvragés par le Benvenuto Cellini des perruques, et qui perpétue de blonds souvenirs. Son menton plonge dans une cravate prétentieuse. Ce Rentier, qui a du coton dans les oreilles et aux mains de vieux gants nettoyés, prend des poses anacréontiques, se gratte la tête par un mouvement délicat, fréquente les lieux publics, veut se marier avantageusement, fait le tour des nefs à Saint-Roch pendant la messe des belles, passe la soirée aux concerts de Valentino, suit la mode de très-loin, dit *belle Dame!* flûte sa voix et danse. Après dix années passées au service de Cythère, il se compromet avec une intrigante de trente-six ans, qui a deux frè-

res chatouilleux, et finit par devenir l'heureux époux d'une femme charmante, très-
distinguée, ancienne modiste, baronne, et
gagnée par l'embonpoint; puis il retombe
dans le Rentier proprement dit.

XII.

LE RENTIER DE FAUBOURG

Cette variété consiste en reste d'ouvriers,
ou de chefs d'ateliers économes, qui se sont

élevés de la veste ronde et du pantalon de
velours à la redingote marron et au pantalon bleu, qui n'entrent plus chez les mar-
chands de vin, et qui, dans leurs promenades, ne dépassent pas la porte Saint-De-
nis. Ce Rentier est tranquille, ne fait rien,
est purement et simplement vivant; il joue
aux boules, ou va voir jouer aux boules.

Pauvre argile, d'où ne sort jamais le
crime, dont les vertus sont inédites et parfois sublimes! carrière où Sterne a taillé la
belle figure de mon oncle Tobie, et d'où j'ai
tiré les Birotteau, je te quitte à regret. Cher
Rentier, apprête-toi, dès que tu liras cette
monographie, si tu la lis, à soutenir le choc
du remboursement de ton Cinq pour Cent
Consolidé, ce dernier TIERS de la fortune

des Rentiers, réduite de moitié par l'abbé Terray, et que réduiront encore les Chambres, avec d'autant plus de facilité que, quand une trahison légale est commise par mille personnes, elle ne charge la conscience d'aucune. En vain tu as lu pendant trente ans, sur les affiches républicaines, impériales et royales du Trésor : Rentes perpétuelles! Malgré ce jeu de mots, pauvre agneau social, tu seras tondu en 1848 comme en 1790, comme en 1750. Sais-tu pourquoi? Tu n'auras peut-être que moi pour défenseur. En France, qui protége le faible, récolte une moisson d'injures lapidaires. On y aime trop la plaisanterie, le seul feu d'artifice que tu ne vois pas, pour que tu puisses y être plaint. Lorsque tu seras amputé du quart de ta rente, ton Parisien-aimé te rira au nez, il lâchera sur toi les crayons de la caricature, il te chantera des complaintes pour *de profundis*, enfin il te clouera entre quatre planches lithographiques ornées de calembours.

DE BALZAC.

LE RENTIER

DE

PROVINCE.

L'HABITANT DE VERSAILLES.

VERSAILLES n'est déjà plus Paris, et n'est pas encore la province. A Versailles, la banlieue expire, le département commence :

tout change et se diversifie, habitants et
conditions, mœurs et physionomies; et cependant on n'est qu'à cinq lieues de Paris,
c'est-à-dire à deux heures de route royale,
à trois quarts d'heure de locomotive; —
étrange ville, l'une des plus jeunes et des
plus vieilles de France, si toutefois on peut
donner le nom de ville à cet Herculanum
dynastique jeté par le hasard d'une volonté
puissante presque aux portes d'une capitale !
Rappelons-nous sa fondation et son origine,
avant de crayonner le portrait de ses habitants : ce sont deux histoires qui se tou-
chent.

Généralement, une ville se fonde, non
par telle circonstance fortuite, fût-ce même
l'adoption d'une fantaisie royale, mais bien
par une suite d'accessoires locaux, la proxi-
mité d'un bras de mer, le voisinage de
coteaux vignobles, le cours d'un fleuve

puissant, tel que le Rhône, la Saône ou la
Garonne, qui invite les habitants à venir
s'établir sur sa rive. Bientôt les ports vont
s'ouvrir, les canaux se creuser, la naviga-
tion commerciale profiter pour ses flottages,
le transport de ses denrées, ses écluses et
ses débarcadages, du passage du fleuve
compatriote. Peu à peu la population s'é-
tend, un habitant en appelle un autre, les
familles descendent en grappes vers la rive
attrayante. D'abord simple peuplade, la co-
lonie devient bourgade; la bourgade, pe-

www.ingramcontent.com/pod-product-compliance
Lightning Source LLC
Chambersburg PA
CBHW052148090426
42741CB00010B/2188